곰곰이 독서가이드

책 제목	사람과 짐을 실어 나르는 탈 것
핵심 어휘	● 지다 : 옮길 물건을 등에 얹다. ● 끌다 : 바퀴가 돌면서 옮겨가다. ● 젓다 : 배를 가게 하려고 노를 앞뒤로 움직이다. ● 굴리다 : 차나 수레처럼 바퀴가 달린 것을 몰다. ● 닦다 : 바닥을 골라서 터나 길을 만들다. ● 맺다 : 물체나 사람을 옮기기 위해 등에 올리다.
핵심 질문	1. 고속 철도가 등장한 뒤로 달라진 점은? 2. 자동차가 움직이는 원리를 찾아서 적어보세요. 3. 말을 타는 것의 장점은 무엇이었나요?
독후 활동	● 처음 　- 내가 아는 탈 것의 종류를 적어보세요. ● 가운데 　- 탈 것의 발전에 대해 정리해보세요. 　- 이 책에서 처음 알게 된 탈 것이 있나요? 　- 과거의 탈 것과 오늘날의 탈 것을 비교해 적어보세요. 　- 다양한 탈 것이 등장하면서 어떤 변화가 생겼나요? ● 끝 　- 미래에는 어떤 탈 것이 등장할지 상상해서 적어보세요.

사람과 짐을 실어 나르는 **탈것**

김향금

서울대학교 지리학과와 국문학과를 졸업하고, 같은 학교 대학원에서 고전문학을 전공했습니다.
지금은 책을 기획하고, 글을 쓰고, 다른 나라 책을 우리말로 옮기는 일을 하고 있습니다.
《아무도 모를 거야 내가 누군지》,《세상을 담은 그림 지도》,《사윗감 찾아 나선 두더지》,《어흥, 호랑이가 간다》,
《사람과 세상을 잇는 다리》,《시간을 재는 눈금 시계》,《물건을 사고파는 곳 시장》을 썼으며,
'한국사 탐험대'와 '초등학생을 위한 첫 우리 고전' 시리즈를 기획하고
'한국생활사박물관' 시리즈를 만들었습니다.

이경국

홍익대학교에서 가구디자인을, 같은 학교 대학원에서 사진을 전공했습니다.
현재 그림책 작가로 활동 중이며 '한겨레 그림책학교'에서 가르치고 있습니다.
1994년 출판미술협회 신인대상전에서 대상을 수상했고, 2008 볼로냐 도서전에서 '올해의 일러스트레이터'로
선정되었습니다. 2009~2010년 이탈리아 파두아 시에서 열리는 '콜로리 델 사크로' 전시회에 동양인으로
유일하게 초대받았습니다. 그린 책으로《바보 이반》,《검은 눈물 석유》,《사람과 세상을 잇는 다리》등이 있습니다.

우리 알고 세계 보고 • 4

사람과 짐을 실어 나르는 탈것

김향금 글 | **이경국** 그림

아득히 먼 옛날, 사람들은 튼튼한 두 발로 저벅저벅 걸어 다녔어.
영리하게도, 사람들은 동물의 뒤를 쫓았지.
동물의 발자국을 따라다니면 요모조모 편리해.
동물은 지름길을 용케 찾았고
물이 얕은 곳을 찾아 겅중겅중 잘도 건넜어.
게다가 맛있는 열매나 시원한 샘물이 있는 곳,
쉴 수 있는 동굴로 가는 길을 기막히게 알고 있었지.
사람들은 동물들이 다니는 길, 길도 아닌 길로 다녔어.

"헤엄쳐 갈까? 빙 돌아서 갈까?"
길을 가다 물이 가로막고 있으면 골칫거리야.
어느 날, 장대비가 좍좍 쏟아지더니 홍수가 났어.
어머나! 토끼랑 다람쥐가 통나무를 타고 둥둥 떠가네!
처음에는 똑같이, 사람들도 통나무에 올라탔어.
기우뚱기우뚱하다 통나무가 뒤집혀 물에 빠져 버렸지.
와, 통나무를 여러 개 잇대면 뒤집히지 않네.
옛날 옛날 사람들은 통나무를 잇댄 떼배를 타고 물을 건넜어.
이번에는 통나무를 반으로 쪼개고 속을 살살 파내어 통나무배를 만들자.
통나무배를 타고 손으로 물살을 가르다가,
나중에는 찰방찰방 노를 젓고 다녔지.

지게는 덩치가 크고 무거운 짐을 사람의 등과
어깨를 이용해 실어 나르는 도구야.
삼국 시대에 발명되어 지금까지도 쓰고 있지.
지게를 지면 좁은 산길도 오르락내리락할 수 있어.

무거운 짐을 먼 곳으로 나르려고 해.
물길로 갈 때는 배에다 실으면 돼. 땅 길로 갈 때는 어떡하지?
작은 짐은 손에 들거나 등에 지고 어깨에 멨어.
여자들은 항아리를 머리에 이고 아슬아슬 잘도 걸었지.
그러다 사람의 힘을 덜어 주는 지게를 만들었어.
지게를 지니 무거운 짐도 거뜬한걸.
아주아주 커다랗고 무거운 바위를 나르려고 해.
어휴, 그냥은 도저히 안 되겠어.
"영차, 영차!"
통나무 굴림대를 쭉 깔고 그 위로 돌을 드륵드륵 굴리자.
큰 바위도 거뜬거뜬!

아주 커다랗고 무거운 짐을 멀리까지 날라야 해.
이번에도 통나무 굴림대에 놓고 굴리자.
먼 곳까지 짐을 나르기는 너무 번거로워.
통나무 굴림대를 그때그때 앞에다 옮겨 놓고 또 치워야 하잖아!
통나무 굴림대 대신 빙글빙글 돌아가는 바퀴를 달면 어떨까?
와, 커다란 바퀴를 매달자 수레가 무거운 짐을 싣고도
돌돌돌 잘 굴러가네.
수레로 짐을 가뿐하게 옮길 수 있어서 아주 좋아!

옛날에 바퀴가 어떻게 발명되었는지 보여 주는 그림이야.
보통 썰매가 수레의 조상이라고 추측해. 처음에는 썰매 위에
무거운 짐을 올려놓고 끌었지. 그러다가 썰매 밑에 굴림대
역할을 하는 통나무를 두어 개 두다가, 통나무를 썰매 밑에
고정하면서 바퀴로 발전했단다.

수메르의 수레바퀴

5,000여 년 전, 바퀴는 수메르(오늘날의 이라크)에서 만들어졌어. 바퀴는 자동차, 기차, 자전거 같은 탈것이랑 풍차 같은 기계에 꼭 필요한 부품이야. 바퀴가 발명되자 탈것들이 눈부시게 발달했어.

아주 오래전부터 사람들은 요런조런 쓸모에 맞게 동물을 길들였어.
말은 아주 빨리 달릴 수 있어서
귀족들이 사냥하거나 무사들이 전쟁을 벌일 때,
나라의 명령을 재빨리 전달할 때 탈것으로 이용되었어.
뭐니뭐니 해도 말은 쏜살같이 달려가 적을 재빨리 공격하는 데 앞장섰어.
사방에서 쏟아지는 화살이나 창을 막기 위해서
말 머리 가리개를 씌우고 몸통에 철갑을 둘러 단단히 채비를 했지.
말 탄 군사들이 긴 창을 휘두르면서 바람처럼 빠르게 적한테 달려들면
적들은 어찌할 바를 몰라 허둥댔어.
"따그닥따그닥!" 구름처럼 흙먼지를 일으키며 달리는
말발굽 소리가 드넓은 땅에 울려 퍼졌어.

말의 주둥이에 재갈을 물리고 고삐를 당기면 말을 잘 부릴 수 있어.

말의 옆구리에 발을 바짝 붙일 수 있는 등자가 발명되어 말 탄 군사가 몸을 획 돌려 활을 쏠 수 있게 되었어.

원래 말은 발굽을 가진 초식 동물이야. 힘센 육식 동물의 공격으로부터 살아남기 위해 발톱 끝이 발굽으로 바뀌어서 빨리 달리는 능력을 키웠대.

말이 바꾼 세계 역사
말은 한 시간에 50킬로미터 이상을 달릴 수 있어. 사람들은 말을 타면서 비로소 주변이 휙휙 지나가는 '속도감'을 느끼게 되었지. 로마 시대에는 말이 끄는 전차를 탄 무사 계급이 탄생하며 전쟁이 속도전이 되었어.

"이랴, 이랴!"
볏단을 실은 소달구지가 덜커덩덜커덩 도시로 가고 있어.
소는 성질이 무던해서 느릿느릿 수레를 끌었어.
농부는 곡식을 팔고 대장장이한테 쟁기를 사 올 거야.
수레 덕분에 농부가 남아도는 곡식을 내다 팔 수 있는 길이 열리자
농사 말고 다른 일을 하는 사람들이 생겨났어.
장사꾼이나 수공업자가 도시에 와글와글 모이고
시장에서는 물건들이 활발하게 사고팔렸어.
농촌과 도시를 오가는 수레가 점점 늘어나면서
나라에서는 수레가 다니는 길을 닦고 강에는 다리를 놓았어.
탈것은 사람이나 짐을 먼 곳으로 실어 날라
나라의 이곳저곳을 연결해 주지.

비단길(실크로드)을 오간 낙타 행렬

옛날에는 동양과 서양을 잇던 비단길을 통해 동서양의 진귀한 물건들이 서로한테 전해졌어. 비단길은 이 길을 통해 중국의 비단이 로마로 전해졌다고 해서 붙여진 이름이래. 낙타는 오랫동안 물을 마시지 않고 버틸 수 있는 데에다 발이 넓적해서 모래 위를 잘 걸어 사막을 건너는 비단길 무역에 이용되었어.

이웃 나라에 가려고 해.
먼 바다를 다니려면 작은 통나무배로는 어림없어!
더 크고, 더 튼튼하고, 더 빨리 가는 배가 필요하지.
자, 얇은 널빤지를 잇대고 나무못을 촘촘히 박아 널빤지 배를 만들자.
"드디어 배가 나간다!"
두리둥실 돛을 단 배가 황해 앞바다에서 서서히 멀어졌어.

바닷길을 누빈 아라비아 배

아주 옛날부터 동양과 서양을 잇는 비단길 외에
바닷길도 있었어. 중국의 도자기나 인도의 향료가
서양으로 운반되어 '도자기 길', '향료 길'이라고도 불렸지.
'다우'는 삼각돛을 한두 개 단 아라비아의 배인데
다우를 통해 이슬람교와 아라비아의 문화가 널리 퍼졌어.

이 배는 백마강의 구드렛나루를 떠나 일본으로 가는 거야.
배에는 일본에 불교를 전하기 위해 가는 스님이 타고 있어.
불상과 불경이 조심스레 모셔져 있고 절을 세우는 기술자들이 복작거렸어.
배와 같은 탈것은 아주 먼 나라를 다닐 수 있어서
뛰어난 기술과 종교·문자·음악과 미술을 전파하는 데 이용돼.

"이번 역에서 말을 갈아타야지.
후유, 나주 고을이 멀긴 멀구나!"
고려 관리가 역에서 마패를 보이고 새 말로 갈아탔어.
이 관리는 임금님의 명령을 나주 고을 수령에게 전하러 가는 거야.
고려는 임금님이 직접 보낸 관리들이 지방의 고을을 다스리는 나라였어.
임금님이 나라를 잘 다스리려면 임금님의 명령이
지방 관리들에게 신속하게 전달되어야 해.
그래서 임금님이 사는 개경에서 지방 도시와 고을로 가는 길을 닦고
길의 중간에 말을 갈아타는 역참을 설치했어.
말과 말을 갈아타는 역참 같은 교통 기관은
중앙 정부와 지방 고을을 끈끈하게 묶어 주어
나라를 다스리는 데 큰 도움을 주지.

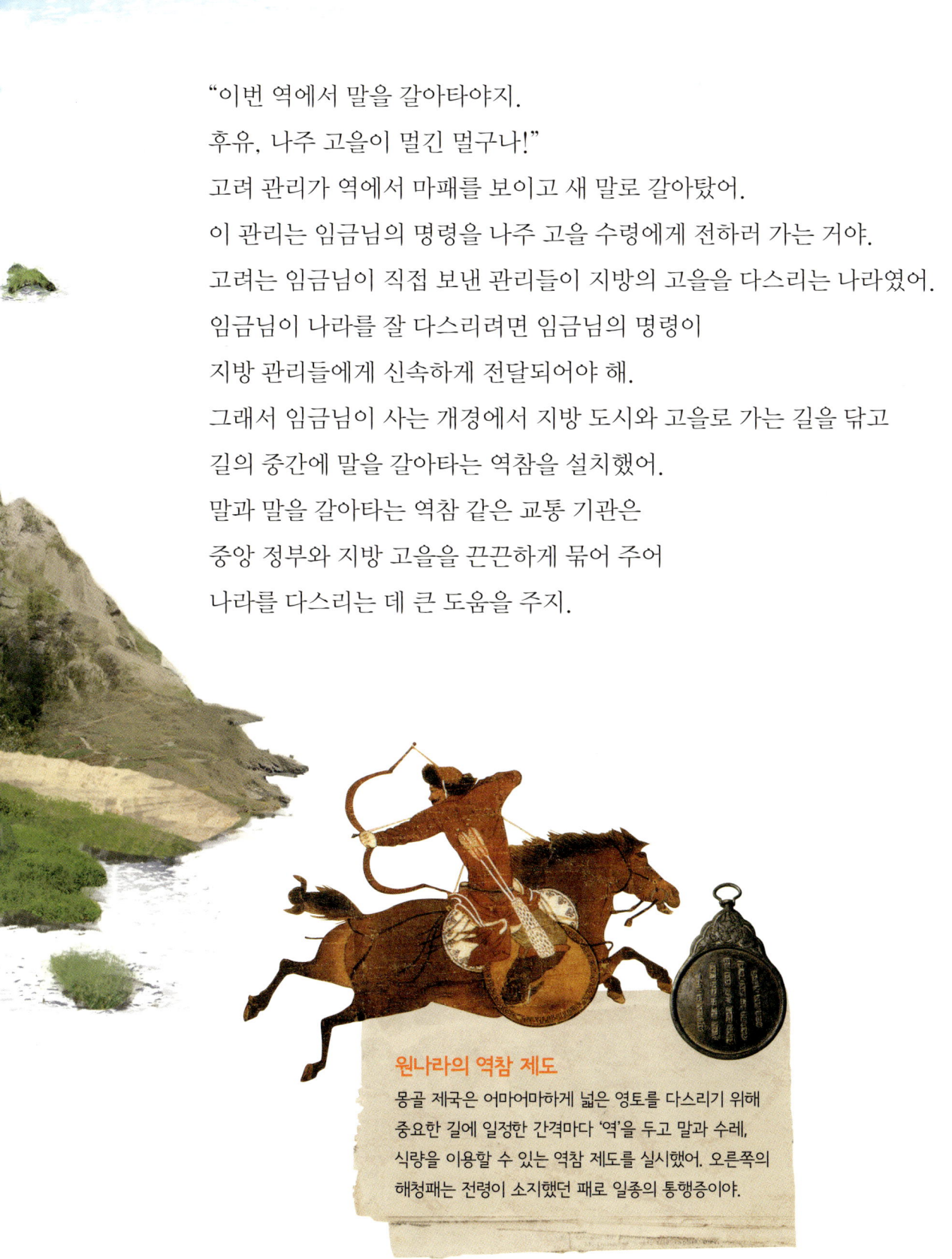

원나라의 역참 제도
몽골 제국은 어마어마하게 넓은 영토를 다스리기 위해
중요한 길에 일정한 간격마다 '역'을 두고 말과 수레,
식량을 이용할 수 있는 역참 제도를 실시했어. 오른쪽의
해청패는 전령이 소지했던 패로 일종의 통행증이야.

"이번 배에는 뭘 싣고 가나?"
"인삼이라네. 중국에서는 고려 인삼이라면 앞을 다투어 사려고 한다네."
배꾼들이 중국으로 가는 고려 배에 인삼을 차곡차곡 싣고 있어.
고려의 국제 무역항 벽란도는 개경과 가까운, 황해로 통하는 예성강 입구에 있었어.

고려 배에는 요리조리 배를 부리는 기구가 달렸어. 어기여차 물살을 젓는 노, 펄럭펄럭 바람을 가르는 돛, 왼쪽 오른쪽으로 방향을 바꾸는 키, 항구에 배를 멈추어 있게 하는 닻을 매달았어.

벽란도 항구에 삼각돛을 단 아라비아 배, 네모난 돛을 단 중국 배들이 북적북적 늘어서 있어. 항구 한 귀퉁이에는 외국에서 온 상인들이 진귀한 물건을 벌여 놓고 값을 흥정하고 있어.
옛날에는 한꺼번에 많은 짐을 나를 때 강과 바다가 연결된 뱃길로 다녔어.
배와 같은 탈것은 나라끼리 물건을 사고파는 국제 무역에 꼭 필요해.

범선의 시대
배에 돛을 달면 바람의 힘을 타고 먼 곳까지 갈 수 있어. 증기선이 나오기 전까지, 커다란 돛을 단 범선은 낯선 세상으로 이끄는 탈것이었어. 중국 명나라의 환관 정화는 1405년부터 일곱 차례에 걸쳐, 62척의 큰 범선을 이끌고 서쪽으로 항해하여 아라비아 반도, 페르시아 만, 아프리카까지 진출했어. 하지만 정화 이후 중국은 바깥 세계에 대한 관심을 끄고 말았어.
반면 콜럼버스는 1492년 산타 마리아호(왼쪽 그림)를 비롯해 단 3척의 배로 아메리카 대륙을 발견하고 대항해 시대를 열었지.

"게, 물렀거라!"
가마꾼 소리에 백성들이 바로 허리를 구부리거나 급히 자리를 피해.
조선에서 지체 높은 양반들은 가마나 말, 외바퀴 달린 초헌을 탔어.
양반들도 높고 낮은 벼슬자리에 따라 탈것이 따로 정해져 있었대.
하지만 백성들을 위한 탈것은 거의 없었지.
몸이 아프거나 급한 일이 생겨도 임금님이 사는 성안에서는 말을 탈 수 없었어.
아무리 먼 거리라도 백성들은 두 발을 재게 놀려 걸어 다녔어.

우리나라는 높고 낮은 산이 많아서
산등성이 사이의 고갯길이 사람들이 다니는 길이 되었어.
나라에서는 서울과 지방을 잇는 6대 도로를 냈는데
큰길이라야 겨우 장정 네 사람이 어깨를 나란히 한 너비 정도였대.
큰길을 내려면 농사일에 바쁜 백성들을 불러 모아야 하고
그 길로 자꾸 외적들이 쳐들어오니까 큰길을 내지 않은 거래.

"뿌우!" 기적소리가 우렁차게 울리고 커다란 바퀴들이 철컥철컥 구르자
증기 기관차가 검은 연기를 내뿜으며 철길을 덜컹덜컹 달려.
기차 창문 밖으로 산이랑 나무가 확확 뒤로 달음박질을 하는 것 같아!
"칙칙폭폭!" 증기의 힘으로 바퀴를 굴리는 증기 기관차가 등장하자
탈것 들이 더 빠르고 더 힘세졌어.
증기 기관차는 많은 사람이나 짐을 한꺼번에
전국 방방곡곡으로 실어 날랐어.
강과 바다를 잇는 뱃길은 점점 사라지고
철도의 기적소리가 곳곳에 울려 퍼졌어.

증기 기관의 시대

예로부터 사람들은 증기의 힘을 이용해 기계를 돌리려고 했어. 토마스 뉴커먼이 위아래로 왔다갔다 왕복 운동을 하는 증기 기관을 만들고, 제임스 와트가 바퀴처럼 돌아가는 회전식으로 더 좋게 고친 뒤, 탈것에 증기 기관을 매단 증기 기관차, 증기선, 증기 자동차가 생겨났어.

증기 기관
석탄을 보일러에 넣고 물을 끓이면 수증기가 나와. 사람들은 증기의 힘으로 온갖 탈것과 기계를 돌렸어. 증기 기관은 연료를 태우는 기관이 바깥에 있어 '외연 기관'이라고도 해.

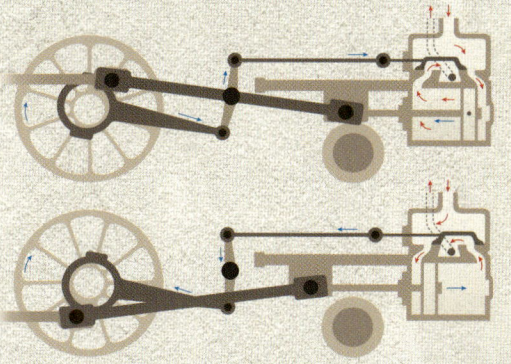

증기차
제임스 와트의 증기 기관은 큰 기계를 돌리기에 적당했지만 탈것을 움직이는 데는 너무 크고 모양도 이상했어. 1769년 프랑스의 퀴뇨가 만든 증기차는 증기의 힘을 직접 수레바퀴에 전달한다는 점에서 기차와 자동차의 진짜 원조라고 할 수 있어.

트레비식 증기 기관차
1808년 영국의 트레비식은 원형 궤도 위를 달리는 증기 기관차를 선보였어. 겨우 시속 16킬로미터로 달려서 사람들은 이 기관차를 따라잡는 놀이를 했대.

최초의 증기선
증기의 힘으로 아주 커다란 물레바퀴를 돌리면 물레바퀴에 달린 물갈퀴로 배를 밀고 갔어. 사람을 태운 유람선도 있지만 증기선은 주로 무거운 물건을 옮기는 데 쓰였어. 1807년 미국의 로버트 풀턴이 증기선 클러먼트호를 허드슨 강에 띄웠어.

"부르릉부르릉!"

금테 두른 모자를 쓴 운전사가 커다란 핸들을 돌리면서 자동차를 몰고 나갔어.
이 멋진 자동차는 대한 제국의 순종 황제가 타는 차야.
처음에 자동차는 황제나 황족이 타는 귀하디귀한 탈것이었어.
자동차는 휘발유를 연료로 하는 엔진(내연 기관)으로 움직여.
엔진이란, 휘발유 연료를 속이 빈 원통 모양의 실린더 안에서 직접 태워 자동차를 움직이는 힘을 얻는 기관을 말해.
엔진은 몸집은 작지만 아주 센 힘을 얻을 수 있어 자동차나 비행기, 디젤 기관차에 두루두루 쓰였지.

세계 최초의 자동차
1886년 독일의 칼 벤츠는 내연 기관을 단 세 바퀴 자동차를 선보였어. 이 자동차는 세계 최초의 휘발유 자동차야. 처음에는 증기 자동차, 전기 자동차, 휘발유 자동차가 경쟁을 벌였어. 하지만 증기 기관을 매단 자동차는 너무 무겁고 거추장스러웠어. 전기 자동차는 배터리를 충전하는 데 오래 걸렸어. 그래서 휘발유 자동차가 승리를 거두고 오늘날까지 널리 쓰이게 된 거야.

"붕!"
구십여 년 전 바람이 거세게 불던 겨울날,
서울 하늘에 두겹날개를 단 비행기 금강호가 높이 솟아올랐어.
이 금강호를 몬 비행사는 바로 안창남, 우리나라 최초의 비행사야.
금강호는 순종 황제가 있는 창덕궁 위를 돌고는
여의도 비행장에 되돌아와서 아찔아찔한 공중 곡예를 시작했어.
금강호가 공중에서 위로 솟구쳤다 아래로 뚝 떨어졌다,
핑핑 도는가 싶다가, 연거푸 서너 번씩 비행기 몸체를 뒤집는 동안
여의도 비행장에 모인 사람들이 "안창남 만세!"를 외치며 손을 흔들었지.
비행기에 자동차처럼 엔진이 달리면서부터
힘차고 자유롭게 하늘을 날 수 있게 되었어.

"이 열차는 고속 철도를 먼저 보내기 위해 5분간 정차하겠습니다."
새마을호 열차가 기차역에 멈추어 서자 안내 방송이 나왔어.
더 빠르게, 더 힘차게 달리는 디젤 기관차와
눈부신 속도로 달리는 고속 철도가 새롭게 등장했어.
고속 철도는 서울에서 부산까지 2시간 40분 만에 달려
전국이 한나절 생활권으로 묶이게 되었지.
큰 철도역 주변은 많은 사람과 물건이 모였다 흩어지는 곳이라서
시가지가 쭉쭉 뻗어 나가고 크고 높은 쇼핑몰이 세워져서 상업이 발달해.

새마을호 같은 디젤 기관차는 경유로
디젤 기관을 움직여 발전기를 돌리고
발전기에서 얻은 전기로 달려.

고속 철도(케이티엑스, KTX)는
전기로 가는데, 한 시간에
300킬로미터 이상을 갈 정도로
아주아주 빨라.

기중기는 무거운 물건을 들어 올려 위아래나 옆으로 옮기는 기계로, '크레인'이라고도 해.

엄청나게 큰 컨테이너선은 강철이나 알루미늄 같은 금속으로 배의 몸체를 만들고 커다란 회전날개인 프로펠러를 달아. 프로펠러가 힘차게 돌면서 큰 배가 앞으로 나아갈 수 있어.

어마어마하게 큰 배가 태평양을 건너 부산항에 들어왔어.
이 배는 컨테이너를 층층이 쌓은 컨테이너선이야.
컨테이너는 무지무지 큰 상자인데,
여기에 물건을 넣으면 물건을 오래, 안전하게 보관할 수 있어.
세계가 자꾸자꾸 좁아지면서 먹을거리나 매일 쓰는 물건을
나라와 나라 사이에서 사고파는 일이 많아졌어.
세계 여러 나라를 오가는 물건들은 대부분 컨테이너선으로 운반해.
우리나라에서 쓰는 석유나 천연가스는 유조선이나 천연가스 운반선이 싣고 오지.
부산항은 세계 5대 항구로 손꼽히는 국제 항구야.
바닷물이 깊고 밀물과 썰물의 차이가 적어 커다란 배가 머물 수 있단다.

비행기가 인천 공항 활주로에 사뿐히 내려앉았어.
잠시 뒤, 공항 입국장으로 사람들이 우르르 쏟아져 나와.
"여기야, 여기! 오랫동안 비행기 타느라 힘들었지?"
"비행기가 늦어졌어. 많이 기다렸지?"
마중 나온 가족을 찾는 사람들이 웅성거려.
누구나 가장 빠르고 안전한 비행기를 타고 전 세계를 자유롭게 여행할 수 있어!
인천 국제공항은 수많은 비행기가 오가는 곳이야.
우리나라에서 세계로 가는 길목이지.
공항에는 관제탑이 있어서 비행기들이 안전하게 뜨고 날도록 돕고 있어.
또 식당이나 명품 상점뿐만 아니라 우리나라 문화를 알리는 전시관을 갖추고 있지.

요즘 비행기는 제트 엔진으로 움직여.
제트 엔진이란 많은 공기를 엔진에 빨아들여
연소시킨 다음, 배출되는 가스를 뒤로 힘차게
내뿜으면서 비행기가 앞으로 세게 날아갈 수 있는
힘을 얻는 기관을 말해. 제트 엔진을 단 비행기는
아주 많은 사람과 짐을 싣고 빠르게 날아다녀.

자동차가 고속 도로 톨게이트를 빠져나가자 쌩쌩 달려.
서울에서 부산까지 쭉 뻗은 고속 도로를 타면
하루 안에 볼일을 마치고 서울로 돌아올 수 있어.
우리나라 자동차는 2011년에 1,800만 대를 훌쩍 넘겼고
거의 모든 집마다 자동차를 한 대 이상씩 갖고 있어.
자동차는 일하러 가거나 시장에 가거나 여행을 다닐 때 두루두루 쓰여.
누구나 자기 집 앞에서 자동차를 타고 전국 어디에나 갈 수 있어.
자동차는 현대인의 진짜 발 노릇을 하고 있지.

우리나라는 남북 방향과 동서 방향으로 고속도로를 닦아
나라 구석구석이 도로망으로 잘 연결되어 있어.
또 아시안 하이웨이라는 대륙 횡단 고속 도로를 세워
남한과 북한을 잇고, 아시아와 유럽을 연결해 동서 교류에 참여하고 있단다.

아우토반, 세계 최초의 고속도로

1932년 독일에 만들어진 아우토반은 무제한의 속력으로 달릴 수 있는 자동차 전용 도로야.
메르세데스 벤츠, 비엠더블유, 아우디, 폴크스바겐같이 세계적으로 유명한 독일 자동차 산업이 바로 바람을 가르며 질주하는 아우토반 덕분에 발전했다고 해.

더 빨리! 더 멀리! 더 안전하게!
우리가 살아갈 미래에는 탈것 들이 어떻게 바뀔까?
아마도 우주선이 지구와 우주 정거장 사이를 바삐 오갈 거야.
지구에서는 우리가 숨 쉬는 공기를 더럽히지 않고
에너지를 아껴 쓸 수 있는 친환경적인 탈것이 인기를 얻을 거야.
벌써 전기 자동차가 나오고 자전거가 인기를 끌고 있잖아?
요즘에는 많은 사람들이 가까운 거리는 걸어 다니고 있어.
두 발로 천천히 걸으면서 골목골목을 다니고,
길가에 심어진 나무랑 건물들을 보고,
온갖 사람 구경을 하고,
그래야 온 세상이랑 이야기를 나눌 수 있거든.

한눈에 보는 탈것의 모든 것

탈것과 생활

옛날 옛적에는 먹을거리를 찾아서 발로 이동했어요. 사회가 발전하면서 사람과 물자가 멀리 떨어진 곳으로 이동할 필요가 생겨났지요. 처음에는 동물의 힘을 빌렸는데 바퀴가 발명되면서 사람의 발을 대신하는 탈것 들이 발명되었어요. 바퀴야말로 '현대 기계 공학의 어머니'인 셈이지요. 초기에 탈것은 지배 계층이나 가진 자들만이 이용할 수 있었어요. 전차와 기차, 자동차, 비행기가 발명되면서 누구나 탈것이 주는 편리함을 누릴 수 있게 되었어요. 현대의 탈것 들은 많은 사람이나 짐을 한꺼번에, 먼 곳으로, 빠른 시간 안에 실어 날라 지구촌을 하나의 생활권으로 묶는 데 큰 역할을 해냈지요. 하지만 탈것의 에너지로 석유나 석탄, 가스 같은 화석 연료들이 사용되면서 환경 오염이나 자원 낭비 문제를 일으켜서 두고두고 인류의 골칫거리가 됐답니다.

탈것의 종류

탈것은 '좀 더 빠르게, 좀 더 멀리, 좀 더 편리하게!'라는 목표를 향해 눈부시게 발전해 왔습니다. 하늘, 땅, 바다 위를 달리는 데 신기원을 이룩한 탈것 들을 소개합니다.

라이트 형제의 비행기

1903년 미국의 키티호크 해안가에서 인류 최초로 동력을 이용한 비행기 '플라이어 1호'가 날아올랐어요.

플라이어 1호 비행기

대중적인 포드 자동차

1908년 포드 모델 T가 나오면서 값싸고 대중적인 자동차 시대가 열렸어요.

1910년 포드 모델 T

고속 철도

고속 철도는 시속 200킬로미터 이상으로 달려요. 일본의 신칸센, 프랑스의 테제베, 한국의 케이티엑스가 있어요.

케이티엑스(KTX)

호화 유람선 타이태닉호

1912년 세계 최대의 여객선이었던 타이태닉호가 빙산과 충돌한 뒤 침몰하여 1,500여 명의 희생자를 냈어요. 이 사건 뒤로 해난 사고 방지를 위한 노력들이 이루어졌어요.

타이태닉호

바다 속을 누비는 심해 잠수정

19세기에 잠수복과 잠수정이 개발되었어요. 요즘은 각종 탐사 장비와 조명 장치, 로봇 팔을 잠수정에 붙이고 심해 생물·에너지 자원을 탐사해요.

신카이 6500

우주 왕복선

나사(미국 항공 우주국)가 개발한 우주 왕복선은 지구와 우주를 100번까지 왕복할 수 있어요.

우주 왕복선 디스커버리호

탈것의 과학

탈것은 사람이나 소·말·낙타 같은 가축의 힘, 바람의 힘같이 자연에서 동력을 얻었어요. 18세기 중엽에 증기 기관이 발명되면서 인공적으로, 대량으로, 쉽게 동력을 얻을 수 있게 되면서 탈것 들이 눈부시게 발전할 수 있는 계기를 마련했지요.
그런데 증기 기관은 크고 무거운 데다가 힘도 세지 않아서 좀 더 작고 강하고 편리한 내연 기관이 개발되었어요. 내연 기관은 연료를 기통 안에서 직접 태워서 발생하는 에너지를 이용했어요. 내연 기관은 자동차와 비행기 같은 현대의 탈것 들에 장착되었으며, 인류의 역사에서 '탈것의 시대'를 가능하게 했지요. 내연 기관이 가스 터빈 기관, 비행기용 제트 기관, 전기 모터 등등으로 발전하면서 최첨단 탈것의 개발이 가속화되었어요.

세계 역사 속의 유명한 길

탈것은 길이 있어야 다닐 수 있습니다. 예로부터 인류는 치열하게 길을 개척했습니다. 길이 있는 곳에서 역사가 이루어지니까요.

로마의 아피아 가도
'모든 길은 로마로 통한다.'라는 말처럼 로마 사람들은 도로 건설에 힘을 기울였어요. 아피아 가도는 기원전 312년 최초로 건설된 로마 제국의 도로로, 총 연장 거리가 50킬로미터에 달하고 전차 여섯 대가 옆으로 나란히 서서 달릴 수 있는 도로 폭이었다고 해요.

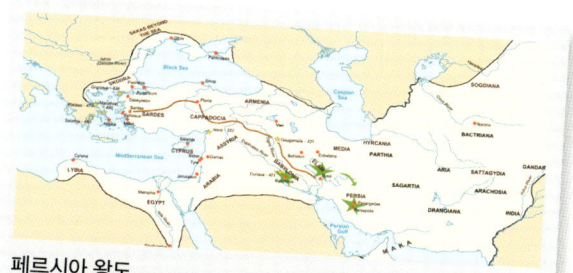

페르시아 왕도
페르시아 제국을 효과적으로 통치하기 위한 길로 수도인 수사에서 시작해서 소아시아 반도 서쪽까지 2,500킬로미터에 이르는 도로예요. 평상시에는 상업 도로로, 전쟁시에는 물자 수송로로 이용됐어요. '학문에는 왕도가 없다.'는 말이 여기서 나왔대요.

중국의 대운하
운하는 인공적으로 만든 물길이에요. 중국 수나라 양제 때 만들어진 대운하는 중국의 남북을 잇는 운하로 베이징에서 항저우까지 연결됐어요. 대운하가 세워지면서 물자가 원활하게 이동해서 상업과 무역의 발달에 큰 도움을 주었어요.

사진은 실크로드에 있는 오아시스 명사산 월아천

실크로드(비단길)
실크로드는 근대 이전에 동양과 서양을 잇는 교역로였어요. 중국 장안에서 시작해서 중앙아시아, 서아시아를 거쳐 동로마 제국의 수도인 콘스탄티노플까지 장장 6,400킬로미터에 이르는 길이에요. 초원길, 오아시스길, 바닷길 등 3개의 간선로가 있어요. 실크로드라는 명칭은 중국의 비단이 이 길을 통해서 로마 제국으로 흘러간 데서 유래해요.

우리알고세계보고·4
사람과 짐을 실어 나르는 **탈것**

펴낸날 2012년 9월 15일 초판 1쇄 | 2013년 9월 20일 초판 2쇄
글쓴이 김향금 | **그린이** 이경국 | **기획** 山水間 | **외주디자인** AGI SOCIETY
펴낸이 김영진 | **본부장** 조은희 | **편집장** 위귀영
편집 김희선, 강경화, 한아름, 이미호 | **디자인** 손현미, 김소라
펴낸곳 (주)미래엔 | **등록** 1950년 11월 1일 제 16-67호
주소 서울시 서초구 잠원동 41-10 | **전화** 영업 3475-3843~4 편집 3475-3943 팩스 541-8249
홈페이지 주소 http://www.i-seum.com

글 ⓒ 김향금, 2012
그림 ⓒ 이경국, 2012

ISBN 978-89-378-8551-8 77900
ISBN 978-89-378-4566-6 (세트)

파본은 구입처에서 교환해 드리며, 관련 법령에 따라 환불해 드립니다. 다만, 제품 훼손시 환불이 불가능합니다.

아이세움은 (주)미래엔의 어린이책 브랜드입니다.